Hellmuth Opitz · Gebrauchte Gedichte

Hellmuth Opitz

Gebrauchte Gedichte

Poesie aus 20 Jahren

PENDRAGON

Unsere Bücher im Internet
http://www.pendragon.de

Veröffentlicht im Pendragon Verlag
Günther Butkus, Bielefeld 2003
© by Pendragon Verlag, Bielefeld 2003
Alle Rechte vorbehalten
Lektorat: Martine Legrand-Stork
Umschlag: Mediendesign Baltus, Bielefeld
Umschlagfoto: Hermann Pautsch
ISBN 3-934872-28-X
Printed in Germany

Statt eines Vorworts:

Immer wieder mußte ich beim Lesen innehalten. Die Wiederbetrachtung meiner frühen Gedichte geriet mir schnell zur Wiederentdeckung. Ich schaute diese Gedichte an wie Fundstücke aus einer Steinzeit, die mal gerade 20 Jahre zurückliegt: Wieviel Goldrausch, Ungeduld und Kammerflimmern steckt in diesen unbekümmerten Versen! Die erfrischende Unschuld täuscht fast darüber hinweg, wie lange es eigentlich gedauert hat, eine eigene Stimme herauszubilden, wieviel störrische Beharrlichkeit dazu notwendig war. Aber ich hoffe, die Leser spüren in diesem Gedichtband etwas von der Geduld und Hartnäckigkeit, die es brauchte, um diesen eigenen, unverwechselbaren Ton zu finden.

H.O.

There's no success like failure
and failure's no success at all.

Bob Dylan

An unseren Lippengrenzen (1982)

...bloß nicht vom hörensagen
ins bleibenlassen leben...

Gerhard Falkner

Graugetigerte Nachmittage katzbuckeln
jetzt wieder um die Nächte
mit ihren schwefligen Stunden,
diesem lichtscheuen Gesindel.
Ich sitze hier am Fenster
mit kalenderverdorbenem Blick
mich nur schnell verabschieden
von den Tollkirschen des Sommers
und den Rosinen im Kopf.

Mit euch hätte ich gern noch etwas
herumgetändelt, mich einfach
in die Binsen gehen lassen, mich
an den Tag verramscht, schon
klagt der November sein Recht ein
mit drahtkaltem Akkord.

Nördlicher Morgen

Rötliche Weite
undeutlich ins Licht getuscht
hinterm Horizont noch
duckt sich der Tag
einer von diesen
die sich erst spät
aus Nebeln entblättern
Stück für Stück freigeben
Häuser und Straßen
in weichem Übergang zum Mittag
spurlos verschwinden.

Sonntags

Morgens der Himmel marzipanfarben
festgenagelt von Türmen, die den
Ausnahmezustand einläuten.
Weihwasser in den Pfützen, ein paar
Spatzen bekreuzigen sich.
Schwer atmen satte Garagen und
reich gedeckte Dächer.
Nachmittags im Kirchhof die Dorfjugend
geplustert auf ihren Sätteln, wartend
auf ein Stichwort. Hier sind
alle Versprechen verklinkert,
danach kräht kein Hahn mehr,
sanft verflüstert der Wind den Tag.

Idylle

Von Zaun zu Zaun
spannen sich Gespräche
über das Wetter, Wäscheleinen
zähmen knallend den März,
Frauenköpfe, geschäftig
hinter gut gescheitelten Gardinen,
im Radio beginnt der Schulfunk
und auch der Kaufmann
öffnet pünklich,
von Haus zu Haus
schwirrt der Briefträger,
der kleine Posthorn-Kolibri.

Warten

Nicht auf
Frieden oder Freiheit
Messias oder Manna
Wunder oder Wahrheit
Antwort oder Amen.
Nein
auf das Klappern
der Müllabfuhr, z.B.
Dienstagmittag,
auf die Ein-Uhr-Nachrichten
oder auf die Frau
von gegenüber, das Elend,
pissgelb und echsenhäutig,
das jeden Tag zur gleichen Zeit
sich seinen Schnaps vom Kiosk
holt, den der Verkäufer pünktlich
auf den Tresen stellt, und den
es immer passend bezahlt,
auch das zeugt von guter Vorbereitung
beiderseits, so hangeln wir uns
von Gewohnheit zu Gewohnheit,
diesem bewährten Schwungseil,
das uns trägt über
Abgründe.

Hier nicht

Nein, so etwas haben wir hier nicht:
Äcker und Wiesen, blutschwere Böden,
Erbhöfe und knarrende Holzdielen.

Nein hier, wo weit reger noch
das Gewimmel ist auf steinernen
Ameisenpfaden, wo weit bunter noch

Schriftzüge die Nacht tätowieren und
Flugzeuge leise summen über Beton-Kelchen,
hier haben wir so etwas nicht.

Keine Garantien

Du sagst, ich hätt' so offene Augen,
nein, offene Hintertürchen für
leichtsinnig gefiederte Ideen
und den Spottvogel, der
keine Garantien gibt,
unterschrieben mit roter Tinte.
Eingeklinkt in mein Gesicht
vorbehaltene Schleichwege,
frostiger Verrat, gut getarnt
zwischen Lachfalten, doch
schmilzt unter deinen Füßen
mein Eis, dünn und rissig,
laß mir ein wenig Kälte
auf der ich gehen kann.

Ein für alle Mal

Pfusch mir ins Handwerk
leg Hand an mich mit deiner Haut
verbrenn die Finger mir
zieh andere Saiten auf, sodaß
mir Hör'n vergeht und Sehen
und deine Lust,
die schärf mir ein
und aus
und ein
für alle Mal knall mich doch ab
vom hohen Roß
mit einem Blick verschlag
die Sprache mir.

Tagediebe

Wie du morgens,
beim dritten Hahnenschrei
dich noch verleugnest
den ersten Lichtboten,
die jalousienweise
deinen Nacken schecken.

Und wie du dich dann
langsam drehst, noch
Traumreste in den Mundwinkeln,
und deine Hände greifen
wie Äste einst
Absaloms Haar.

Wie wir dem lieben Gott
die Zeit stehlen
mit hungrigen Gepflogenheiten
das ist fast schon genial.

Wie wir Beute machen und
plündern das Gold
aus dem Mund des Morgens
mit leiser Atemlosigkeit,
das läßt auf Profis schließen,
eine dreiste Bande
Tagediebe.

Brandzeichen

Du hast mir dein Zeichen
in die Haut geglüht,
dein Herzsiegel,
das bleibt,
darüber wächst kein
dickes Fell.

Immer, wenn ich zu dir kam,
gebeizt vom Harzgeruch des Januars,
mit dem Frost, der die Lippen
riß wie das Straßenpflaster,
zündeten deine Augen
mich wieder an,
kleine Brandstifterin.

Einmal die Woche, der Takt
war monoton und sicher.
Und schön.
Die Entscheidungen noch leicht
zwischen Vanille- und Birnentee.

Wir verkrochen uns
in unsere Achselhöhlen und
aufgesprungene Hohelieder
wechselten von Mund zu Mund:
O daß ich tausend Zungen hätte.

Das war'n noch süße Muschelzeiten
und wie ich sie liebte,
die Lichtkringel deines Gesichts!

Drei Jahre danach
hocken wir zusammen
auf der Heizung
bei Kaffee und Zigaretten
und verscherbeln uns
schöne alte Bilder
unserer Geschichte.
Die Narben von damals
tragen wir heute als Schmuck,
ein bitteres Balzfederkleid,
das wir manchmal entfalten
zu einem Rad
aus verschwiegenen Kostbarkeiten.

Das war's

Wir haben uns nichts vorzuwerfen
im Gegenteil: gut verpackt
sind Lindenblätter und Achillesfersen,
wir versehen unseren Beischlaf
regelmäßig und stehen auf,
jeden Morgen zur gleichen Zeit,
heftige Wortwechsel bleiben
im Rahmen, denn:
Streiten will gelernt sein.
Nicht einmal Masken
brauchen wir mehr
um zu überzeugen.
Der heiße Brei ist lang schon kalt,
die bunten Scherben locken
kein Blut hinter den Adern hervor,
sooft wir uns auch schneiden
ins eigene Fleisch.
Wir leben als ob
das die Hauptsache wär,
und sind einander rostige Kälber,
um die zu tanzen nicht mehr lohnt.

An unseren Lippengrenzen
bekommt keins
unserer Worte
einen Passierschein.

Was zu sagen wäre,
schreibt uns das Schweigen
in die Augen und wir
nehmen damit im Dunkeln
die Kälte aus dem Fenster.

Und schenken uns Eisblumen.

Entfernungen Entfernungen (1984)

Das Fortsein, das mir den Atem ersetzt, fängt wieder an,
auf die Papiere niederzufallen wie Schnee. Die Nacht tritt vor.
Ich schreibe so fern als möglich von mir selbst.

André du Bouchet

Schwarzweiß

Wie das Licht
in die Buchten schrägt
jetzt, gegen Abend,
wo uns niemand entgegenkommt
in den Kurven zwischen
St. Just und St. Ives.
Nur ein Zaun läuft nun schon
seit einiger Zeit neben uns her,
winkelt ab, schlägt Haken ins Feld,
taucht wieder auf
an der stillgelegten Zinnmine
bei zerfallenden Häusern, Dächern,
die Ränder hochgebogen,
beziegelte Brotkanten,
eine Katze pfotet darüber
schwarz-
weiß-
schwarz-
weiß,
schnappschusslang Aufenthalt,
dann weiter, hinterm
letzten Haus winken
Wäschestücke
uns nach.

Cornische Symmetrie

Windhürden, Hecken-
umstaffeltes Grün,
eine Straße
führt in die andere,
immer enger, immer
schmaler bis auf einmal
das Land ins Meer klippt
am westlichsten Punkt.

Etwas ist zuende
mit den Ferngläsern
stehen die Leute
auf den Felsen,
suchen angestrengt
Horizont ab.

Zweihelligkeiten

Glücksausläufer über
der Bucht, der Wind
bezweifelt die Zelte.

Wenn alles zuschattet,
gibt sich das Wasser
begehbar, lügt Wege

herüber vom anderen
Ufer, die Lichtschnüre
von Cardiff.

Ende Juli

Die milden Nächte
alle Fenster
sperrangelweit,
alle Türen.

Sachtes Gemurmel
von der Bar,
das angenehme Geräusch
klickender Eiswürfel.

Aus den Boxen
ein Jazzrefrain
tropft leicht aufs Trommelfell:
Play it cool, play it cool,
fifty-fifty
fire and ice.

Pärchen zum Kuss
gefaltet,
eine Zigarettenzuglänge
im Glas
knistert leise die Cola.

Wir können nicht zurückkehren
in die Ehrlichkeit,
in der wir heimisch waren.

Verschandelt von gellender Wut,
die ließ uns
Messer aus der Kehle schnappen.

Wir haben uns schon längst
auf- und davongelogen
aus den Körpern,
ihrem offensten, ihrem
aufrichtigsten Teil.

Lange nicht gesehen

Halt's Maul Herz,
alte Werbetrommel,
mach keinen Wirbel,
satt hab ich deinen Überschall,
deine Don Quichotterien.
Beherrsch dich, du
zitternde Wortschleuder,
sonst geht Gevatter Mund
wieder über vor
süßester Idiotie.
Stocher' nicht rum in den Jahren,
in den ins Gedächtnis
gebrockten Verstörungen;
diese Suppe ist längst ausgelöffelt,
rühr das nicht auf,
verlier kein Wort, sag nicht
wie's um mich steht.

Angezettelt

Mit Briefen
zettelten wir wieder
was Neues an,
wollten Blicke tauschen,
Worte wechseln, trieben
mit uns zärtlichen Handel.

Bald sprach dein Haar
mit meinen Fingern
fließend dunkelblond,
bald führte ein schnellerer
Klöppel uns den Puls.

Zum Verwechseln:
die Pulverspuren vergangener
Kämpfe, die neuen Versprechen
zwischen den Zeilen.

So treffen wir uns hier,
krücken gemeinsam
durch alte Zeiten
auf den abgebrochenen Stelzen
unserer Liebe.

Das Herz aber,
das ZK der Gefühle,
schickt unbedeutende Vertreter.

In- und auswendiges Du,
endlich wirst du mir fremd.
Ungestört dürfen jetzt Schwärme
alter Vokabeln wieder einfallen
in mich, dürfen nachdunkeln,
du behelligst sie nicht mehr.

Nachsaison

Herbstgänger
auch wir damals
zu zweit noch
abends
auf dem Weg zum Strand,
vorbei am Leuchtturm,
kreisendem Scheinwurf.

Mit zunehmender Entfernung:
Wie wir ineinander
dunkeln.

La Chambre Noire

Die letzte Redensartigkeit
fällt ins Schloß,

dann nur noch
die zu bekritzelnde Stille

und du,
mit der Überdosis Nacht
in den Augen, in den
Schriftzügen nimmst du
Platz, nimmst

im Sprechen schon
Abschied.

Entfernungen, Entfernungen

Wintert mir
zu.

Dein Name.
Treibt sein Abwesen
in mir.

Nimmt ständig, nimmt
abständig zu.

Ist jetzt schon
zeilenweit entfernt,
das ist

eine Umlaufbahn
fremdseits vom Du.

Lichtgeplänkel

Als erster
läuft der Himmel
zum Tag über, hisst
lauter blaue Fahnen.

Der Wind dreht
uns eine Hoffnung an.

Und ach, die Zunge,
Standarte des Leichtsinns,
die Zunge
setzt Segel.

Cities

Die Schädelstädte schwellen an,
das Ausgeträumt
ihrer Hochbauten, Betonaden,
Atemnotgewächse, ihrer
toxischen Trabanten und Taxis
auf den Zubringern hereinwärts,
Taxis von Ziellos zu Ziellos;

kein Platz, sich hier
eine Erst-, eine Zweithoffnung
zu halten;

auch aus dem dröhnenden Dom
gegenüber taumeln lautlos die
Händefalter ins Freie.

Es hat sich
also schon herumgeschwiegen:

Das Ich wird eingemeindet,
ab sofort, d.h.:
Das hat gleich
Gültigkeit.

Uns gehen die Worte flöten

Die Stadt,
sauber
vom Scheitel ihrer Kräne
bis zur Sohle aus Zement.
Sauber.
Keine dunklen Häuser mehr,
störrisch verwinkelt,
Babeltürme stattdessen, groß-
zügig aus Beton und getöntem Glas.
Kabeltrommeln abgespult
ein Graffiti am Parkhaus,
Glaube, Liebe, Hoffnung,
ihr letzten drei kleinen Negerlein,
ihr kommt auch noch dran,
einer nach dem andern.

Mundvorräte

Auch die letzten Haltbarkeiten
gingen uns durch die Lippen.

Wir ließen nichts
zu wünschen übrig.

Ausbewegt

Es hat sich ausbewegt. Gesinnung
ist nicht mehr
bewohnbar.

Was mich angeht,
geht mir aus.

Ihr Argumente,
ihr abgekämpften Ansichten,

ihr einst mit mir
gegen das Irgendwort
vermündeten Sätze,

ihr geht mir aus,
ihr tragt es fort
auf der leichtesten Schulter:

Das abgehalfterte Prinzip
Wir.

Stimme
zu deutlich
verbirgst du dich
vorm Zweifel,
vorm Wenn- und Aberglauben
wenn du von früher sprichst
als hättest du dazugelernt,
als wären da noch
Flüsterfelder diesseits
der von Begriffen
 Griffen
  Griffen
abgefingerten Welt.

Die Statik der Dinge

Das Fortsein des Ungefähren
seit den arktischen Tagen,
als aufs Ich das Teilnahmslos fiel,
das Aussichtslos dieses Zimmers.

Der Tisch heißt Tisch
und nicht anders. Der Stuhl,
die Uhr, das Telefon, wie ruhig alles
in seiner Benennung verharrt!

Und das etwas vergeht, vergeht,
das Zeitgerinnsel
ist eine Behauptung.

Es ist gut, noch
Namen zu haben
für all die Gerätschaften, Namen,
die Grammatik der Dinge,

es ist gut
für die Hände, wenn sie
unruhig um die Gegenstände flattern,
zwei heftige Eisvögel
nicht aufzuhalten.

Unveröffentlichtes und Verstreutes (1982-86)

Der Rest Fragmente,
halbe Laute,
Melodienansätze aus Nachbarhäusern
Negerspirituals
oder Ave Marias.

Gottfried Benn

Weißer Fleck

Am besten so,
groß und weiß,
der Fleck
auf deiner und meiner Karte.

Unerforscht,
nicht unterteilt in Glücks-
und Leidensgrade, einfach
liegenlassen in einer
Überdosis Vergessen,

dieses nach wie vor
schöne Feld wilder Erinnerung –
noch unbetreten
vom geringsten Verstehen.

Im Sterbezimmer

Früh kommen sie
mit ihren Laken,
mit ihren blitzenden Schüsseln.

Knapp die Begrüßung,
präzise die Handgriffe,
ein schweigender Service.

Auch sie sagt nichts,
den ganzen Tag nicht
und auch am Abend nicht,
nur ihre Hände,
blaugrün geädert,
flattern jetzt unruhiger
über die Bettdecke,
zwei heftige kleine Eisvögel,
nicht aufzuhalten.

Zugfahrt

Heraus aus den Wäldern
an satte Ebenen gepresst
die Scheiben beschlagen
vom Hauch der fetten Jahre
entlang der braunen Naht
regengesichtige Stationen
passieren unbemerkt
ohne große Gischt
eintauchen in den
Kruzifix-Ozean.

Nicht in Geschichtsbüchern

Sie erinnert sich anders
an die dunklen Jahre.
Nicht, daß sie nichts erlebt,
nichts erlitten hätte, nein,
genauer jedoch
beschreibt sie den Sprung
im Deckel der blauen Teekanne,
die, echt Meißener, verlorenging
bei einem Bombenangriff,
genauer auch schwärmt sie
von den Sirupschnitten der Mutter,
nicht gerade das,
was in Geschichtsbüchern steht
und doch
ein eigenes Leben
unverwechselbar
bis zum Gartenzaun.

Ideenfenster

Von Zeit zu Zeit
hinausschauen
Ob nicht jemand kommt
die Scheibe einzuwerfen.

Und manchmal,
wenn es zieht
aufstehen und etwas
Kitt in die Fugen stopfen.

Offene Tür

Vielleicht
gerade Flüchtigkeit,
die Unschärfe des Blicks
schneidet tief.
Und weißt du, Worte,
Worte drücken sich
vor der offenen Tür herum,
geschoben bedrängt
von den in uns
wildernden Wünschen.

Im Nachhinein
noch manchmal dein Gesicht,
schon fast dem Gedächtnis entwischt,
mit verspäteter Gelassenheit
langsam verschwinden
entlang der goldenen Mittelwege
ab und zu beworfen
vom Flackerlicht
einer plötzlichen Erinnerung.

Prachtstück

Und dann natürlich Frankfurt
mit seinen aufbrausenden Türmen
seiner Deutschen Bank
seinen Zierleisten aus Glas und Beton
seinen Messen und Palmengärten.

Wie es zusammenschnurrt,
wie es zusammengepreßt wird
ins Spiegelbild
eines einzigen Kronkorkens,
der schäbigen Wurzel des Schönen.

Jukebox

Drei Versuche über Geräusche

I

Der langsame Übergang in die Zeit permanenter Beschallung. Man geht durch Fußgängerzonen und Einkaufspassagen wie durch ein Goldgräberfeld. Geschäfte, Boutiquen und Fast Food-Ketten stecken ihre Claims schalldicht ab mit den neuesten Top Ten der Ablenkung. Plötzliche Stille dagegen wirkt wie das Fallenlassen einer Stecknadel in den Herzrhythmus der City. Stille ist subversiv. Sie verstößt gegen die Gesetze der akustischen Besänftigung, einer hörbar gemachten Reibungslosigkeit. Sie ist die wahre Ruhestörung und trifft uns vom Lärm Gestillte mit dem ganzen Fortissimo des angehaltenen Atems. Sie trifft – ist also ein Hit. Ich höre es schon so weit kommen: Irgendeine findige Plattenfirma wird sie auf Maxi-Single pressen: 5 Minuten 30 Sekunden Stille, Extended Mix. In Kneipen und Bars wirft man Geld in die Jukebox und hört sich diesen Ohrwurm an – in Zimmerlautstärke. Eine Zeitlang wird er für Furore sorgen in Radios, Kopfhörern, Ohrmuscheln – dann hat man genug dafür bezahlt und wird in Zukunft von Stille reden wie von einem Evergreen.

II

Ich höre, man baut jetzt Lärmschutzwälle um Autobahnen und Stadttangenten. Wenn erst mal das ganze Schnellstraßennetz von solchen Dämmen umgeben ist, wird man, um Eintönigkeit und spurende Abstumpfung bei Autofahrern zu vermeiden, alle Lärmschutzwälle mit Land- und Stadtschaften bemalen müssen, sonst sieht man die Autos wie Mäuse verzweifelt an den Wänden entlanghuschen auf der Suche nach Ablenkung, einem Schlupfloch fürs Auge. Abgesehen davon: Wie stellt man sich Lärm eigentlich vor? Als Meer? Kann man Geräusche eindämmen? Gut, es gibt auch Ebbe und Flut und wenn die Rush Hour besonders stark gegen die Lärmdämmung brandet, fliegt sogar manchmal wie eine Gischtflocke ein wenig Ohrenbetäubung in die Wohngebiete. Vielleicht ist aber der Zweck von Lärmschutzwällen die Teilung von Geräuschen. Das Wort Lärmschutzwall bekäme einen neuen Sinn. Man will ja schließlich vom eigenen Lärm beschützt werden, beweist er doch, daß man noch lebt. Lärmschutzwälle verhindern, daß das eigene Klappern, das doch unabdingbar zum Hand- und Mundwerk gehört, nach Außen dringt und sich dort in einem fremden, anonymen Geräuschpegel verliert.

III

In einer ehemaligen Baumwollspinnerei, einem wuchtigen Muschelkalk-Sandsteingebäude aus der ersten Hälfte des 19. Jahrhunderts, hat sich nun, am Übergang ins 21., die Volkshochschule eingerichtet. Die vormals großflächigen Fabrikationsräume und Hallen wurden architektonisch aufgelöst durch ein kompliziertes System von Stufen, Geländern, Wendeltreppen, Gängen, Ebenen und Meta-Ebenen, ein Gewirr von zweiten Bildungswegen, die sich schließlich im Bürotrakt labyrinthisch verzweigen. Die dort aneinandergeschachtelten Büros sind wohl durch Wände voneinander getrennt, allerdings fehlen Decken, sodaß sich Unterhaltungen, Meinungen, Klatsch und Trasch ab einer gewissen Höhe wieder zu einem einzigen Gesprächsstoff verdichten. Das Reden hinter dem Rücken anderer muß hier natürlich entfallen, da der Betreffende zwar nicht im Büro, im Gesamtraum jedoch wohl anwesend ist. Und so säße wohl jeder Mitarbeiter mit gespitzten Ohren da, ob nicht aus der über ihm schwebenden Geschwätzwolke unvermittelt sein Name falle, wäre man nicht auf die famose Idee gekommen, ein anderes schallschluckendes System einzuführen: Das Geräusch. Man unterlegt der Hallakustik dieser Fabrik einfach ein Tonband mit Endlosmurmeln, unverständlichen Wortfetzen, einem Betriebsamkeitsbackground und legte so gleichsam eine akustische Zimmerdecke über die Büros. Jede andere Fabrik rechtfertigt schließlich ihre Existenz nach außen, für den Ohrenzeugen mit einem gewissen Produktionslärm, warum nicht auch eine Denkfabrik wie die Volkshochschule? Dort hat man übrigens von der Idee des Geräuschbandes wieder Abstand genommen. Warum? Bekam man Angst bei dem Gedanken, daß man in einem Moment der Stille, beim Zurückspulen des Tonbandes, plötzlich feststellte, daß Weiterbildung keinen Produktionslärm braucht oder daß ausgerechnet in diesem Moment eine auf dem Steinfußboden zerschellende Tasse, ein Bestellungsruf „Einen Irish Coffee bitte!" oder ein einziges lautes Kinderkreischen gegen die leise freiheitlich-demokratische Geräuschordnung verstieße?

Die Städte leuchten (1986)

Denn, Herr, die großen Städte sind verlorene und aufgelöste...
Rainer Maria Rilke

And I said: This must be the place
Laurie Anderson

Ballung:
Film ab: Durch Vorortschaften Randbezirke, befallen
von Metastasen aus Metall Kesseln Tanks, funkelnden
Versorgungsgeschwulsten. Und weiter Richtung
Inner City, durch Wohngewebe, Fertigteile immer
enger zur Mitte hin von einer Angst, als bisse die
Nacht etwas vom Stadtrand ab. Hier sträubt sich
Stein zu Berge, eine gelle Stille in Marmor und
Glas getürmt Banken Appartements Terrassen
und die Hotels: Wie sie ums Licht würfeln!

Tempo:
Knotenpunkte Neonknäuel, hinzugeschleifte Trassen,
Vierspurbänder Vor- und Rücklauf, rasend pumpt
durch die Verkehrsadern das Blut; ein Preschen
und, als sei es Zeichentrick, schwärmen Kotflügel
geschwind durch alle Ausfallstraßen fort. Erst später,
nachts, laufen die Bänder langsam: Dann allenfalls
noch schimmernde Tangenten, auf denen einige
Chromtierchen sich heimleuchten.

Rhythmus:
Die in die Straßen hingekippte Menschenhalde: Streugut, verteilt auf Zonen, Treppen, gläserne Passagen, verurteilt zu Fieberhaft, zu Bewegung, immerzu Bewegung nach einem unbekannten Rhythmus, vermutlich dem Leuchttakt der Ampeln, dieser heimlichen Schrittmacher.

Reiz:
Schneetreiben Mäntel vorwärts. In die Lichtfaust
der Diskotheken. Aus den Entlüftungsschächten
weht Musik. Im Innern: Palmen und Pazifik.
Man nippt an tropischen Getränken und trägt die
Blicke tief. Unbemannte Frauen gehen vorüber wie
Flamingos. Schön behütet. Helle Federn lange nach.

Sex:
Im Innersten, da tauschen Männer Geld in Frauen
um, damit es zum Äußersten kommt, daß sie mit
Strafe bezahlen, die Stimme belegt mit Leder,
dickem durstigen Leder, mit der flehenden Bitte, der
Absatz des knautschenden Stiefels möge sich in
die Handflächen bohren. Gott, ist das gut, wie
sich hinter der Maske die Atemnot staut und einen
Ständer baut, damit er reißt: der Slip. Zip!
machen die Reißverschlüsse.

Gleichzeit:
He Gegenwart Gegenwärterin! Paßt auf die übrige Zeit auf! Denkzeuge leuchten. Im matten Dimmer der Monitore kann man die Aussagen lesen, die Gehirnschrift der Metropolen von Frisco bis Taschkent keine Entfernung mehr zwischen Frage und Antwort. Da hocken die Erschöpften und die Abgetanzten in vergeudeten Momenten schwer vernetzt. He! Es hat Gleichzeit geschlagen! Alles ist jetzt! Jetzt!!

Linien:
Was sind schon Städte? Betongewordene Momente des Nichtwissenwohin, ein zementiertes Zögern zwischen Ankunft und Abfahrt. Und sonst? Kein Unterschied von Hier nach Dort. Ein paar Zugfenster voll in den Himmel gebleckter Fassaden Balkonstapel, der übliche Lichtbluff. Überhaupt dieses Reisen, dieses Einreden von Bewegung, Fahrpläne, als gäb es noch Zeit, unaufhörlich tickern die Terminals auf den Bahnhöfen, Flugplätzen, den großen Abschiedsmaschinen.

Paranoia:
Tiefinnenstadt hat den Blues an. Da kommen
Nächte die Rolltreppe herunter, rot wie
angebrochene Körper, übersät von Licht und
Nervenscherben. Aus allen Kaufhäusern
stürzt Tand aufs Herz: Punkt eins setzt der
Schmerzschrittmacher ein und aus den
Drehtüren schwingen die von bösen Monden
angefachten Männer. Die hellgestreiften
Straßen. Frauenantilopen wechseln rasch ins
Unsichtbare. Wohin denn sonst verloren gehen
mit all dem schwindsüchtigen Glück?
In Fremdstädte etwa, Ferngespräche, Kachelwelten
unter der Erde oder in den von Kirchtürmen
bestochenen Himmel? Es gibt wohl tausend
Arten des Verschwindens: Die Autokinos
erzählen's den Windschutzscheiben und die
dahinter lächeln, als wüßten sie Bescheid.
Zelluloid. Ende.

Metro

Paris wäre unbewohnbar, wenn es die Metro nicht gäbe.
Aus einem Baedeker über Paris

Neuilly

Kaum schnappen die Türen zu, sind die Insassen des Waggons zu einer seltsamen Gemeinschaft verurteilt. Eine Gemeinschaft des ersten Blicks, des Abschätzens, des Einsammelns flüchtiger Beobachtungen in festgefügte Weltbilder. Die Außenwelt wird ausgeknipst. Allein durch das Geflecht der Betrachtungen knüpft sich ein soziales Netz. Hier das küssende Pärchen, dort ein verschwitzter Mantelmann, ein nadelbestreifter Aktentaschenträger ebenso wie die heruntergekommene Concierge-Schlampe, der die Altersprognathie schon das Kinn unter die Nase gerieben hat, ein lesendes Mädchen in blauer, weit aufgeknöpfter Bluse und ein Maghrebiner, der Fremde. Der erste Blick weist jedem seinen Platz in dieser Gesellschaft zu, egal wo und neben wem er sitzt. Ein vollkommenes Abbild der Gesellschaft, das da schweigend durch die schwarzen Schächte rast.

Rue du Bac

Ein Rest von Fahrtwind, ein Glücksschwall schießt einem Mädchen untern schwarzen Rock. Sie muß ihn mit beiden Händen bändigen, um die herumstehenden Männer nicht davonfliegen zu lassen. Im Walkman die Psychedelic Furs: „Into you like a train".

Saint-Germain des Prés

Dieses Gesicht, ich kenne es irgendwoher und weiß doch nicht, wer es ist. Ich gehe weiter, die Treppen hinunter, es schaut mir nach. Wo habe ich diese Traurigkeit schon einmal gesehen? War es in diesem Hotel an der südenglischen Küste, in Brighton, wo an einem stürmischen Oktoberabend ein älterer Mann ganz allein in dem riesigen, voll beleuchteten viktorianischen Speisesaal saß und eine Mahlzeit zu sich nahm? Nein, das war es nicht. Dieses Gesicht erinnert eher an ein leeres Auto mit erloschenen Lichtern, dessen Scheibenwischer sich im Regen noch langsam hin- und herbewegen.

Bir Hakeim

Jede Station hat ihren Irren. Auf dem Bahnsteig kommt mir ein fast zwei Meter großer Mann entgegen, dessen Alter die Verwahrlosung unkenntlich gemacht hat. Sein verschlissener brauner Trenchcoat wird von einer blauen Bademantelkordel zusammengehalten. Der Mann murmelt unverständliches Kauderwelsch in sich hinein. Ich will gerade meinen Blick abwenden, als er plötzlich laut aufschreit: „Jérôme est mort!" Ein kurzer Satz und doch ein akustischer Peitschenhieb, der die umstehenden Passanten herumfahren läßt. Es ist weniger die Hiobsbotschaft als die Lautstärke, die für das allgemeine Erschrecken sorgt, ein Schrei, der, verstärkt durch den unterirdischen Hall-Effekt, an den Kacheln der Metro-Station gebrochen wird. Der Schock der Stille dauert jedoch nur einen Moment, dann kehrt die allgemeine, gleichlautende Geräuschordnung zurück, und auch der Mann hat sich längst dem Murmelniveau der Station wieder angepasst. Ich weiß nicht, was mir die Gewißheit gibt, aber ich zweifle nicht: Es war sein Name, den er dort gebrüllt, den er für tot erklärt hat. Nur: Was hat ihn bewegt, welche Stimmen aus dem Off seiner Erinnerung haben ihm so zugesetzt, daß er sie nur mit der Meldung seines eigenen Todes zum Schweigen bringen konnte?

Concorde

Vor dem heftigen Regen draußen hat sich eine Schar Touristen in den Schutz der Station geflüchtet. Nun stehen sie frierend im Gang herum, die eingestürzten Neubauten ihrer Frisuren glättend, ein Pech, das sie von Paris nicht erwartet hätten: Ihre Polaroids, sonst immer scharf aufs Sehen, werfen ratlose Blicke umher. Von weiter unten schallt Rap-Musik herauf. Dort hotten und trotten drei Farbige ihren Breakdance. Das einzig Schwarze an ihnen ist jedoch ihr wuchtiger Ghettoblaster, sie sind nicht sehr gut. Da helfen auch ihre Robot-Bewegungen nichts, Metro-Stationen sind mechanische Steinzeithöhlen, der älteste Tanz ist der Tanz von gestern.

Vincennes

Ein Junkie streift durch die am Bahnsteig wartenden Passanten. Ihm sitzt augenscheinlich schon der kalte Truthahn auf der Schulter, sein ruckender Gang wird von der Panik des baldigen Entzugs vorangetrieben. Allerdings bleibt er bei jedem Wartenden erstaunlich lange stehen, bevor er entweder eine Absage oder ein paar Centimes kassiert. Als er zu mir kommt, verstehe ich, warum sein Betteln so lange dauert. Er erzählt mir eine umständliche Geschichte von seiner Mutter, die nach einem Kreislaufzusammenbruch auf der Intensivstation eines Krankenhauses in Limoges liege, wohin er jetzt unbedingt müsse. Ihm fehlten nur noch 13 Francs für das Ticket nach Limoges. Warum erzählt er mir diese aufwendige Lügengeschichte? Er hat es doch eilig. Sein Gesicht ist von Pickeln und Ekzemen übersät, ein gestörtes Nervenprogramm läßt seinen Kopf regelmäßig zur Seite zucken. Natürlich könnte er mit der simplen Bitte um Geld weitaus mehr Passanten ansprechen, aber nein, er erzählt mir die Geschichte mit schlenkernden Armen zu Ende. Es ist vermutlich irgendein verfluchter Preis-Leistungs-Ehrenkodex in ihm, das Gefühl, für Geld wenigstens eine anständige Story liefern zu müssen. Wie von den meisten Umstehenden, bekommt er auch von mir ein paar Francs. Wir glauben ihm nicht, aber wir bezahlen ihn dennoch für die Mühe, zumindest rhetorisch die Fassade eines ehrenvollen Motivs für seine Geldnot aufrecht zu erhalten.

Montgallet

Jetzt sitze ich allein im Zug kurz vor Daumesnil, nein, nicht allein, sondern einsam. Um mich herum Haltestangen, Griffe, Reklamen, die niemand liest, leere Sitzplätze, die besessen werden möchten; alles Gegenstände, die mich mit stillem Vorwurf anschauen, als könne ich etwas dafür, daß sie ihre Benutzer vermissen. Meine Einsamkeit ist nichts anderes als lauter Abwesenheiten, die den Zug bevölkern.

Faidherbe-Chaligny

Ein einzelnes Mädchen steigt aus. Ihr Alleinsein auf dem Bahnsteig löst sofort Alarm aus, der die Aufmerksamkeit der Fahrgäste auf sich zieht. Ihr macht es nichts aus, im Gegenteil: Gern geht sie mit ihrer abgefetzten Jacke, den Jeans und roten Wildlederpumps quer durch die Langeweile der Fensterplätze, ihr Gang ein einziges Bedauern der Männer, die ihr nachblicken. Die Türen schließen sich. Der Zug ruckt an, passiert das Mädchen, ein letzter Blick wird weggerissen. Die Beschleunigung der Wünsche von null auf hundert in drei Sekunden ins Geschlecht.

Jaurès

Ein Schuljunge pfeift während der Fahrt eine Melodie vor sich hin, die auch ich heute morgen im Radio gehört habe. Ein Ohrwurm geht uns beiden im Kopf herum, ein Schlager zieht uns auf wie Spielzeugfiguren: Der (Noten) Schlüssel im Rücken dreht sich langsam...

Rue Montmartre

Das bizarre Alk-Pärchen schlurft an den Sitzbänken entlang, um einen ungestörten Platz zu finden. Sie haben, als im letzten bitterkalten Winter die Clochards brückenweise erfroren, und die Stadt die Metro-Stationen für Übernachtungen öffnete, hier unten eine Heimat gefunden. Sie ist viel jünger als er, geht einige Schritte vor ihm unsicher auf ihren Stöckelschuhen, knickt manchmal um und keift dann den früh vergreisten Mann hinter sich an, er solle sich gefälligst beeilen, als trage er zu den Plastiktüten mit den Flaschen auch noch die Schuld an ihrem Mißgeschick. Ab und zu holt sie einen Taschenspiegel aus ihrer Jacke hervor und schaut prüfend hinein. Ein letzter Rest Eitelkeit blitzt wie ein durch die Sucht nicht auszurottendes Ritual hinter der Verwahrlosung hervor. Sie zieht die Lippen nach, er das Bein.

Lourmet

In dieser etwas abgelegenen Station im Südwesten von Paris treffe ich an der Ticketbarriere einen Mann wieder, den ich gerade vor einer halben Stunde auf der Rue de La Fayette gesehen habe. Er sprach mit fliegenden Gesten auf einen Café-au-lait-farbenen Marokkaner ein, was ihm, mit seinem schwarzen Jackett und dem weißen Seidenschal, das Aussehen einer aufgeregt flatternden Elster verlieh. Auch er scheint mich wiederzuerkennen, denn er schaut ab und zu mißtrauisch zurück. So scharf mischt sich der Zufall in unser Wiedersehen, daß keiner an ihn glauben kann. Jeder betrachtet den anderen: Was weißt du von mir?

Saint-Fargeau

Außer mir sitzt nur noch ein Liebespaar in der Ecke des Waggons. Beide tragen nachtschwarze Sonnenbrillen, nichts soll sie auf den ersten Blick beeindrucken. Sie lehnt sich an ihn und steckt die Hände unter seine Lederjacke. Während der ganzen Fahrt sprechen sie kein Wort miteinander, sie lächeln nur manchmal, als teilten sie ein frivoles Geheimnis. Wir laufen in Fargeau ein und als sie aufstehen, greift sie ihm mit einer versteckten, blitzschnellen Bewegung zwischen die Beine. Dann steigen sie aus, als ob nichts geschehen sei. Ein rascher Griff, eine kleine Sex-Attacke und niemand hat's gesehen. Ich übrigens auch nicht.

Die elektrische Nacht (1990)

Steh auf, meine Freundin, meine Schöne,
und komm her!

Hohelied des Salomo
Kap. 2, Vers 10

Es wirkte sehr traurig,
Dich in Deinen neuen Schuhen
allein weggehen zu sehen.
Zelda Fitzgerald
in einem Brief an ihren Mann
                Februar 1932

Stella

Stella ist traurig. Sie fährt sich
mit der Hand durchs Haar in die Scham
einer tiefblonden Nacht. Darüber fällt
ein Stoff aus verschossenen Sternen.
Stella ist von Alleinsein übersät. Stella
küßt Spiegel. Sie wirft dem Telefon die Stille
vor, dem dunklen Raum die Hellhörigkeit
der Wände. Alle Türen haben rote Klinken.
Berührt man sie, gehen Stellas Lippen auf,
dann treten Namen in den Traum: Von Ab-
stechern ins Mannesinnere. Und später, weit
nach Schenkelschluß, wacht Stella auf
und neben ihr die Hand: Oh, Stella kriegt
immer, was ihr Schmerz begehrt.

Darling Darling

Darling Darling ruf mich an,
du kennst die Nummer, ihre Vorwahl
Trauer Trauer Glück Musik.
Erzähl mir, wie dir der wilde Mai
ins Hemd führt, wie er das spitz
kriegt, der Frühling. Darling

laß alles stehn und liegen.
Sag, was hast du bloß
unter deiner Stimme an, wenn
mein Name fällt wie blondes Haar:
Trauer Trauer Glück Musik.

Psst! Es ist Herbst,
Madame.
Die Nacht spielt schon ein
kühles Saxophon.
Der Wind wirbelt durch Ihre
Schulterblätter, wenn Sie Atem
holen gehen in dieser
ausgeknipsten Stadt.
Ich weiß: Die Tür
Ihres Geschlechts ist nur
angelehnt, Madame. Von dort
fällt manchmal ein Spalt
Helligkeit in meine
Tunneltage.
Aber Herz beiseite:
Gehen Sie, Madame, gehen
Sie diesen von spitzen Schuhen
angestachelten Gang, den Takt
des Westens.
Die Nacht spielt schon ein
kühles Saxophon.

Die elektrische Nacht

Mit halbem Herzen
hatte ich meine Geliebte gelöscht,
die andere Hälfte
stand am Fenster und lud
sich mit Licht auf und Unglück,
wenn dem Himmel ein Blitz zustieß.

Ein rascher Regen
berauschte die Straßen.
Das Jahr ging schweren Märzens
in den Frühling. Und hier
lag die Geliebte und schlief,
überdacht von meinen Gedanken.

Treibstoff

Schnell ging das alles. Schnell. Schmale Träger
trugen meine Hände deine Schultern hinab. Dein Kleid
feuerte noch einmal den Winter an, bevor es mir klirrend
ins Wort fiel. In der Hitze des Geschlechts wollte ich
dir alle Lippen mit Küssen kandieren, doch du wolltest
es schneller. Also gab ich es dir, was das Zeug hielt.
Aber das Zeug hielt es nicht, du konntest es nicht
halten und ich schon gar nicht. Wir waren ein Fleisch,
ein Blut, ein Atem und dann: Körperstille. Ich rührte
mich nicht, ich rührte dich nicht. Der Fick so flink
und leicht. Wir hatten es uns gegeben. Wir hatten es
weggesteckt. Nur unsere Wimpern zuckten.

Der Mund im Schritt

Ich spanne dich auf. Ich spanne
dich auf wie einen Schirm im April.
Aus heiterem Hemd platzen Brüste,
kichern, tuscheln und stehen unverschämt
in einem Licht, das sich aus irgendeinem
Frösteln losgerissen und nun in deinen
Höfen ganz verlaufen hat. Bloß,
was öffnet Beine und Schlüsselbeine?
Offen gestanden: Dein Mund. Dein Schritt.
Dein Schritt im Mund, wenn er stillsteht.
Dein Mund im Schritt, wenn er staunt.
Wenn er O sagt. O wie offen gestanden.

Berührung & Zerfall

Alles was ich berühre zerfällt.
Alles was zerfällt berührt mich.
Kaum berührt mein Finger die Lippen,
zerfallen die Worte dahinter zu Staub.
So ist dies offene Grab Wort für
Wort mein Gesicht geworden.

Manchmal fährt eine Freude darüber,
ein Frühjahr mit fliedernden Händen,
das greift der Nacht in den Schritt,
und auch das ist Berührung. Ich zerfalle
in April Mai Juni. Der April ist
heiß. Der Mai besorgt's ihm.

Und der Juni steht Schmiere.
Hinter vorgehaltenem Licht öffnet
sein Blick die Abende wie Büchsen.
Abende aus Nacktheit und Neugier. Hände
voll Strom. Soll der Schlag mich treffen:
Berührt, verführt, erlaubt ist, was zerfällt.

**Charlotte Rampling in einem Hotelzimmer
in Arles, nachts.** Nackt wie Newton
sie schuf: auf einem Tisch. Auf einem Stuhl
die Beine, durchgehend geöffnet,
als habe sie einen Liebhaber
aus den Flügeltüren ihrer Schenkel
entlassen und erwarte den nächsten.
Also: komm rein, wenn du ein Liebhaber
bist, ein Liebhaber zierlicher Vögel, die
auseinanderfliegen bei der geringsten Bewegung,
und die nur Blinde & Blöde für ihre
Titten halten. Sieh genau hin.

Das Zimmer. Fünfarmiger Leuchter, ein Teppich
aus mindestens Isfahan, Spiegel und Schnörkel und
Möbel, die schwersten Bedenken gegen das
Verrücktwerden. Und dann die Rampling:
auf ihren Rippen kannst du Klavier spielen.
Magere Melodien. Präludien einer Hotelsuite
für Klavier und einsame Körper. Also komm,
wenn du ein Liebhaber bist und Hände hast:
das ist ihr Körper. Alleingelassen. Und das
ist ihr Blick. Gelassen allein.

Diese Augen. Die grünen Scherben einer Flasche,
die ein Bedauern kühl und klar gehalten hat.
Ich weiß nicht, was sie zerschlug. Ein Verlangen
vielleicht. Das einzige, was brennt. Kein
Licht und die Liebe: nur Haut und Knochen.

Honigmond Hotel

Ich erkannte sie
kaum wieder, so wenig
hatte sie sich verändert.

Sie trug ihr Haar kurz
und schwarz, was ihr der Wind
wütend vorwarf, als sie auf die Straße
trat. Es war später Sommer.

Ich lebte unter falschem Namen
im Glück, einem billigen Hotel
voller Hochzeitsnächte, und rauchte
Kette, um von ihr loszukommen.

Sie aber kam auf mich zu,
ihr Gang ganz aus Honig, ging sie
durch dieses Licht und diese Beatmusik,
ging auf mich zu, durch alle Flitterwochen
ging sie und fragte mich, die brennende Liebe
im Mund: Und war war vor der Zigarette
danach?

Ich wußte nicht weiter. Jetzt
hatte sie mich.

Plunder

Schieß los, erzähl mir die Hörensage von Lieben
und Töten, wie du ganz aus Vergehen in mein
ungeficktes Herz gedrungen bist. Bis ans Heft
der Blicke hast du mich bestochen und hinunter-
geschickt, deinen leise gewirbelten Nacken zu
kosten. Zwei deiner Brüste haben auf mich gezeigt
wie auf versprochene Küsse. Doch da war schon dies
Zerfetzte in den Kosenamen, dies Los Schieß!, da
waren wir Männerwaffe, Frauentrümmer und wirklich:
Ich hätte dich erschießen sollen, Liebes.
Aber weißt du, hast du gesagt. Hab ich gesagt: Wir
können ja Feinde bleiben. Also:
Schieß los!

Abgöttin

Irgendwas ging schief. Ich bog
in die nächste Abgöttin ein wie einer,
der sich auszog, das Lieben zu lernen. Doch
da war schon Schamgebiet und das Schärfste:
Ihre vom Licht ausrasierten Achseln. Darüber
sprang mein Blick aus dem Körper über
16 Autos hinweg nach draußen. Die Stadt stampfte.
Die Nacht aus dem Boden riß ihren Niggerschädel
hoch und lachte. Blendend weiße Wohnblocks.
In manchen Frauenzimmern brannte noch Licht
oder ein Lippenstift für die schöneren
Monologe. Kaum steckten sie mit sich allein
im Jackett, hieß das Einsamkeit. So herunter-
gekommen waren die Traurigkeiten.

Härte zeigen. Weiterlieben.
Mit einem Satz durch eine enge
Frau gehen, sie streifen wie eine
leichte Enttäuschung mit einem Blick,
der ihr die kalten Schultern zeigt,
darauf ihr Kopf sitzt.
Sie wird sich umdrehen nach
so viel Schmerz, doch der wird
dann fort sein und nichts bleibt
als die Scham bei allem
was nackt ist: Es sind schon
aus weniger Gründen Herzen
geschlagen worden. Mit einem Satz:
Liebe härten. Weiterzeigen.

Engel im Herbst mit Orangen (1996)

Schau Michèle: ein Fahrplan
Rühr dich nicht
Sonst fliegt er fort
Wir wollen dankbar sein
Für jedes bißchen Präzision
Ach, ein bißchen Präzision in dieser Wildnis.

Max Goldt

Kaltes, klares Wasser läuft über meine Hände
und du fragst mich, warum ich den Januar liebe.
Schau, sag ich, weil er ein Scheißkerl ist. Nie
kannst du dich auf ihn verlassen. Stehst du in
Hut und Mantel, kommt er unter falschem Namen
mit krokusfarbenem Hemd und einer Sonnenbrille
groß wie Ungarn. Und dann wieder strenger als
Erich von Stroheim: Eisigen Blicks, wenn er die
Küste abschreitet in preußischen Stiefeln und
den Nordwest knallen läßt überm Jadebusen, daß
Hamburg die Röcke rafft.

Wenn er Laune hat, schüttelt er Los Angeles
aus den Lumpen, der Lump, da tobt er über die
Highways, lachend und lärmend, da stürzen
Impalas und Chevrolets zuschanden. Doch noch
in derselben Nacht, acht Beben später, zieht
man ihn zitternd und lallend aus dem
Andreasgraben.

Manchmal aber will er einfach nur still
und weiß und Januar sein. Wie er im Ausweis
steht mit all seinen Vornamen: Schnee, Eis,
Verwehung. Ein leises Betäubungsmittel für
Städte und Straßen. Doch wer ihn einen warmen
Bruder heißt, dem droht er mit Winterlähmung
von der Hüfte abwärts, da fuchtelt er mit
Fäusten und Frösten von München bis Murmansk
knackt er alles zwischen seinen klirrenden
Knöcheln. Mögen den Spöttern die Lippen
zerplatzen und die Autos zerspringen, der
Januar wird sich das Recht des ersten Monats
nehmen und das noch junge Jahr beflecken
mit wüsten Schneeausschweifungen.

Bloß in diesem Jahr steht er herum wie ein
aufgetauter Kühlschrank, als reiße er seine
Zeit ab. Um genau zu sein: einunddreißig
Blätter, die vom Kalender wirbeln. Als stehe
nichts in seiner Macht, keine kalte Pracht
aus sibirischen Flüchen und knirschenden, vom
Reif überzuckerten Wiesen. Nur dieses müde
Winken vom Balkon, mit dem er der Welt seinen
Regen erteilt. Und kaum ist er weg, platzt schon
sein Vize herein, der farblose Februar. Auch der
ein Scheißkerl, sagst du, nur nicht so lang.

Springtime

Höchste Zeit für die Zeit,
da der März durch die Milchstraßen führt,
die Wintermäntel, die skalpierten Wohnblocks.

Springtime sagen die Engländer,
springt an und schon hängen der Stadt
hellblonde Strähnen in die Stirn aus frühem Licht.

Dann blüht ein Kaufrausch
und Farben trachten Frauen nach dem Leben.
Kühlerhauben springen auf. Motoren springen an.

Überall öffnen sich Adern.
Manche platzen auf wie rote Tulpen, wenn sie
gesprungen sind. Springtime sagen die Engländer.

Einige Drehmomente in Wales

I. Die Straße

Farn wächst die Straße eng, auf der
wir Geräusche entlangfahrn. Ihre Ränder
bestanden, bestürzt von Telegraphenmasten, ab-
gerissenen Drähten. Nichts kommt mehr an, es geht
auch nichts mehr ab. Dafür ein Grau vom Himmel
in die Häuser gestromt eine eingeborene Wehmut.
Aber selbst hier Gesichtsverluste ans Momentane,
Anflüge von Fremdsein. Sieh dir die Männer an,
die Frauen: Zeitversehrte, Zeitverzehrte in einem
von Steinwällen und Zäunen durchzogenen, ja
b e d a u e r t e n Land.

II. Der Ort

Angefeuert von Lichtzurufen schäumt uns
Landschaft gegen die Windschutzscheibe.
Die dunklen Brillen helfen nicht: Immer
schneller gleiten wir durch ein Geflecht
aus Straßen, Gleisen, Straßen. Könnten
wir ablenken, wir lenkten ab in einen Ort,
der die Zeit noch von innen gesehn,
der sich verletzt hat an ihren scharfen Rändern
Zerfall und Geschichte, an denen Bilder
aufschnappen wie Messer.

Der Kirchturm wirft eine Tonleiter hinab
zu den keltischen Gräbern. Hier sind im Laufe
der Jahre, der Trauer Kreuze gewachsen,
Hortensiengebüsch, zutiefst blaßblau
zu Sehnsucht verwilderter Tod.

Spätestens jetzt wird eine Autotür das Erinnern
zuschlagen. Wir sind wieder draußen. Dort, wo
die Luft zittert vor Zeitentzug, wo an den
weit gespannten Stromleitungen die Sekunden
unaufhaltsam ins Landesäußere,
in die Städte perlen.

III. Der Hafen

Enges Becken schwärmten die Boys
an der Bar und blickten dem
kubanischen Kellner nach, der bunte
Drinks nach draußen balancierte. Ihre
Pfiffe sprangen an ihm hoch wie Hunde,
die sich freuen. Stell dir vor, sagt einer,
stell dir vor und ich dahinter. Die Jungs
lachten. Hellauf fiel der Sommer ein, sein
Goldkettchen blinkte. Er war eben mit einem
funkelnagelneuen Juli vorgefahren und parkte
hier einen Himmel ganz aus blauem Chrom
bis zum Ende der Saison.

Jetzt ankert hier ein müde schimmernder
Oktober mit den abgetakelten Jachten am Kai.
Er hat die Stille auswendig gelernt und sagt
sie hundert Mal auf. Nur der Atlantik ist,
wie immer dagegen. Dann springt auch der Wind
auf, boxt Wolken, kippt Honig ins Licht,
gibt sich den Namen einer blassen Fahne:
Piz Buin. Ja, ist denn hier Herbst oder reden
wir immer noch von Süßigkeiten und Strichmännchen,
vom Kubaner, den Boys und ihren Blicken auf der
Suche nach Zuckerrohr?

Versprechen Vermissen Verschwinden

Eben noch eine Ahnung Blau
auf den Dingen, auf den Seen
zwischen den Abraumhalden
der Sprache, ein Kräuseln:

Was wir vom Mund absparen,
was uns abhanden kommt.

Da fliegen auf die in Hände
verwandelten Worte, fliegen
als schwirrende Gesten auf

und davon in den Süden
der Geräusche und eine Hörweite
darüber hinaus.

Aber nicht einmal damit
kann man die Entfernungen
überwinden von einem
zum andern.

Wohl eher mit Revolvern.
Aber das ist eine andere
Geschichte.

Das Abendland

Der Himmel ist eine Vokabel blau, manchmal
auch Sternstunden über den Armaturen
des Südens oder kühlere Ahnung:

Von Welt in Fenstern auf Kippe, Windklingen,
die Tage fackeln nicht mehr lange, nur
durch die Herzzerrisse leuchtet Erinnerung ein
schiefes Licht.

Der Herbst wirft
dunkle Mäntel
über deine Sätze.

Abblühen und Zuendegehen. Kein Schmerz

In den unbewegten See fallen
sich die Bäume leer.
So ist das Verschwenden an die Schwermut:

Noch einmal ahnen können,
was du längst schon weißt: Es geschieht
meist sehr leise zu ahnen: Alles ist gut.

Gras beißen

Sag' Gras.
Sag's rückwärts.
Und schon hast du
November, Totensonntag.

Sieh, wie
die Friedhöfe flackern
vor Erinnerung.

All die funkelnde Trauer, die
jetzt zu Kreuze kriecht:
ein feiner Trost.

Und all die Reden.
Wer lauscht all
den rauschenden Reden?

Etwa die, die ins Gras
gebissen haben und nun
im Rückwärts liegen?

Das sind Schicksale,
Schädeltrümmer, Tränenwälder.
Und da sagst du: Leben.

Sag's rückwärts
und schon hast du
November.

Der traurige Tankwart

Er zieht sein sauberstes schmutziges
Hemd an, denn es ist Samstag und
da kommt schon die Nacht
in ihrem dunkelblauen Overall.

Er sieht, wie junge Männer
ölverschmierten Blicks Pistolen an
die Schläfen ihrer Autos halten, wie
der Motor ihrer Ungeduld anspringt.

Und er meint, ihre Latten pochen
zu hören gegen die Unschuld
vom Lande, die sie selbst sind und
die sie heut' wegstecken werden.

Oder ist es der Herzschlag einer einzigen
Samstagnacht, die durch die Stadt streift
mit ihrem Überschall, ihrem Aprilgestotter
aus Wind und Wolkenfetzen, die alle verrückt macht.
Eine Nacht wie das Untergehen eines großen
Schiffes: Volle Beleuchtung und das Orchester
spielt die Hauptverkehrsmusik der Ein & Aus-
fallstraßen. Ist es wirklich dieser Herzschlag?

Was weiß denn er, morgens um vier
wenn sie Dosenbier kaufen, in Chromblitzen
sitzen, saufen bis die Scheinwerfer ausgehen
und warten auf die Vergebung eines großen Regens.

Maxwell

Der Mann, der morgens Kaffee macht.
Der sein Glas aufschraubt und zu den
Instant-Körnern sagt:
Jungs, es wird ein heißer Tag heute.
Einige von euch werden nicht
zurückkommen.

So könnte eigentlich ein guter
Amoklauf beginnen.

Der Mann, der morgens.

Koffein und keine Anrufe

Mein Zimmer will mich nicht mehr
sehen, dieses Kommen und Gehen
von Wehmut und Wermut. Ein Teil
Betrunkenheit, zwei Teile
Schlaflosigkeit, so schüttelt man
Abende aus dem Ärmel ach was sag ich:
Nächte, die man schwarz hinunterstürzt
wie einen Kaffee oder zwei, um
nüchtern zu werden. Nächte sag ich,
in denen man sich an die Stirn tippt
und ruft: Hallo, ist da oben jemand
zuhaus?

Doch da spricht nur der automatische
Ichverleugner, sagt: Der Trostspender
ist zur Zeit nicht besetzt. Sie können
aber Name und Nummer Ihres Kummers
hinterlassen. Bitte schweigen Sie
nach dem Pfeifton.

Orangen schälen

Eine für die
die mich läßt.
Eine für die
die mich liebt.
Eine für die
die mich hat.
Eine für die
die mich kriegt.

Eine für die
die mich trinkt.
Eine für die
die mich beißt.
Eine für die
die ich anlüg'.
Eine für die
die das weiß.

Eine für die
die still hält.
Eine für die
die sich wehrt.
Eine für die
die mich teilt.
Und eine für die
die mir nicht gehört.

Blue Note

Das Augenaufschlagen ist die erste
Verletzung, schau: Der Abend hat die
Wolkenkratzer schon mit Lichtausschlag
angesteckt oder liegts am Lügen, daß
die Drinks so unverschämt rot sind?
Wie dem auch sei, wir waren verabredet
nach Einbruch des Erinnerns, nun
schwindelts dir beim Blick zurück
Elektrik ins Herz: Zack Glück sagst du,
aber subito! Schnippst mit den Fingern,
kippst all den schönen Schmerz ins Nach-
hinein.

Leicht entflammbares Material

Der Abend servierte sein Licht
wie ein Kellner trübes Bier.
Nur: Hier hatte das niemand
bestellt und außerdem hielt
er es schief. Als er vorbeilief
an unserem Tisch, rutschte
es vom Tablett mitten in unser
Gespräch, das kühl, glatt
und leicht brennbar war.
Ich fragte sie gerade, was
sie denkt und sie sagte: Das
verrate ich nicht. Der Abend
verschüttete sein letztes Licht
aus Fenstern, Fluren, Korridoren.
Er hatte hier nichts mehr verloren
und taumelte davon, eingeschnappt
und ausgelacht. Die Nacht knarrte
in ihrer Jacke aus brikettschwarzem
Leder und jeder irrte durch diesen
Garten wie blind. Sie küßte mich
und ich war froh, weil Küssen
und Verraten ein und dasselbe sind.

Bei Trost

Nicht ganz. Allein
deine Abwesenheit, die
wieder und wieder
getröstet werden will.

Ihr zulieb trag ich mein
dunkelstes Hemd in den Tag.
Kaum daß ich Licht mache
in meinem Bedauern,
wirft sie mir als Schatten
mein Alleinsein vor.
So hab ich gut reden.

Manchmal ruft sie mich an,
sagt: denk dran,
wenn das Telefon nicht klingelt,
ich bin's.

Engel im Herbst mit Orangen

In diesem Jahr wollte der Sommer
einfach nicht gehen. Der September
stellte schon seine Stühle hoch,
meine Geliebte hatte Geburtstag
und noch immer spendierte er eine Runde
wolkenlosen Himmel nach der andern.
Er verjubelte Tage, die ihm nicht
gehörten wie milde Gaben und die
Abende leuchteten wie Orangen.
Manchmal pflückte meine Geliebte
sich einen davon und preßte ihn
aus, daß ihr der Saft die Schenkel
entlanglief. Mein Gott! Ich sah
Flügel und Engel und Kellnerinnen,
die Cannabis reichten. Ich sah,
wie der Himmel ein Licht vom Zaun
brach, das war nicht von dieser
Welt. Ich sah die Augen meiner
Geliebten aufglühen, zwei Zigaretten
im Dunkeln, unsere Körper krachten
ineinander und dann war Schluß:
Ein finsterer Oktobermorgen warf
uns alle einfach raus. Ach weißt du,
sagte die Geliebte, es ist nichts
Persönliches. Genau das, was Killer
sagen, wenn sie Dinge beenden.

Zwei oder drei Abende, an denen alles gelingt

Zwischen Küssen Knöpfen Küssen
perlen meiner Geliebten
die seltsamsten Worte aus dem Mund.
Plüsch, sagte sie eines milden Abends
als alle Bäume wie Ampeln
auf Grün sprangen. Ein andermal:
feucht. Oder: Raumpflegerin.
Was weiß ich, woher das kam, woher
sie das nahm, weiß Gott, es gibt
schönere Worte. Wie Anorak.
Oder April. Aber sie wollte es so
und sie wartet nicht gern und
schade wär's um ihre Freude.

So ist sie, meine Geliebte.
Sie mag Hymnen, die ich nicht mag
und liebt Helden, die ich nicht liebe.
Aber wenn sie mich küßt, so heftig
wie jetzt, könnte ich sterben für
ihre Ungeduld. An einem Abend wie
diesem, der uns sanft in Gewalt hat
wo sie nackt durch das gebändigte
Licht geht und ich sie frage:
Wo steht denn das, daß ich nicht
hinschauen darf? Hier, sagt sie
und lächelt wie der Frühling,
wenn er Narzissen sprengen geht.

Fieber

Als spiele die Nacht
Klavier, eine kleine
einhändige Schlaflosigkeit.

Eine perlende Melodie.
Musik der Zähne. So
klimpern Selbstgespräche.

Hauptsache Leben: Einmal
mehr aufwachen als einschlafen.
Manchmal lehne ich meine Stirn
an den kühlen Trost solcher Sätze.

Wenn Nächte kommen mit härterem
Anschlag, Nächte ohne Nachsicht.
Keine hört jemals auf.
Keine drückt mir beide Augen zu.

Licht & Lüge

Manche Nacht steht mir im Licht
mit ihrer schwarzen Jacke und einer
geplatzten Verabredung. Ein hochaufgeschossener
Kopfschmerz fragt eine alleinstehende Wehmut:
Gehen wir zu mir oder zu dir? Immer
landen sie bei mir und trinken mir
den Kühlschrank leer und schicken
mich hinaus den Durst zu trinken,
den Durst im Auge einer erloschenen Stadt.

Manche Nacht begehe ich mit Freunden.
Sie heißen Klarheit, Wahrheit, Leben und
trinken reinen Wein. Sagt die Klarheit:
Du hast nichts. Sagt die Wahrheit:
Du kannst nichts. Sagt das Leben: Du
bist nichts. Ich schenke noch etwas nach:
Kühle, frische Verzweiflung. Doch die
löscht nicht mal den Kopfschmerz, die Wehmut,
das Licht. Vom Durst gar nicht zu reden.

Falsche Zeit, falscher Ort

Mir ist eine Traurigkeit
zugelaufen, die hört auf
siebzehn Namen. Ruf ich sie
Einsamkeit, springt sie an
mir hoch, leckt meine Hände
und will raus auf die Straße.
Platz, sag ich dann und schon
rollt sie mir ihre Nächte zu
Füßen.

Ruf ich sie Melancholie, fährt
sie mir durchs Gesicht
mit offenem Verdeck und
Brahmsliedern, die aus Boxen
dröhnen und ich sehe noch
die leuchtenden Kotflügel
meiner Geliebten vorbeirauschen,
aber das sind nur Faxen, die
Nervengifte langer Nachmittage,
wenn der Mai, du weißt schon, wie
ein Stricher durch die Parks
streunt.

Reden wir nicht mehr davon.
Reden wir lieber von ihren
Aliasnamen: von Verzweiflung
alias Wehmut alias Abschied.
Ja, reden wir von ihm, dem
Abschied, dem kleinen Bruder
des Verschwindens. Reden wir
Klartext.

Ich gehe. Ich gehe den Bach
hinunter geh' ich, vorbei an
schäumenden Kirschbäumen.
An einem sprudelnd klaren
Morgen geh' ich, wenn die
Kirchtürme blühen, umflattert
von Händefaltern, fort aus
der Stadt, aus der ich komme,
in die Stadt, in die ich gehe.

Mit der Ampel auf rot geh' ich,
obwohl ich weiß, daß die Welt
auch nicht anders rauscht
auf der Madison Avenue, selbst
wenn man sie hinunterschwebt
in einem Lincoln Continental.
Und es ist mir gleich, ob die
scharf geschwungenen Röcke der
Mädchen auf einer Piazza in
Rom den Abend abfackeln oder
in einer Gasse in Saragossa
oder gar im englischen Garten.

Denn ich gehe, weil ich nicht
bleiben kann, dort wo man
mich gerührt hat, geknetet
und gebrannt. Ich will die
Aufputschmittel einer anderen
Stadt, ich will Entfernung,
Fahrtwind, einen Himmel voller
Kräne, Kraftwerke will ich aus
Licht und Tanz, Endorphine und
die Rush Hour des Meeres.

Also geh' ich ein letztes Mal
durch die Stadt, hier wird
noch feinstes Kaufmannsdeutsch
gesprochen. Seid mir gegrüßt, ihr
Straßen im Westen, stolz fächert
ihr eure Gründerzeitvillen auf,
gern bin ich durch euch gegangen
und oft genug haben mich die
nahen Wälder verschlungen mit
knackenden Kiefern.

Seid gegrüßt Freunde, seid
geküßt, wenn ihr das lest, bin
ich schon fort und der, der zu
euch spricht, ist nur mein
Stellvertreter. In welchem
Namen er spricht? Er spricht für
mich, doch ich hab' siebzehn
Namen: Traurigkeit alias Wehmut
alias Abschied. Seid gegrüßt,
Freunde, seid geküßt, macht's gut,
danke für das Bier.

Editorische Anmerkungen

S. 14: Das Gedicht „Idylle" wurde erstmals im Januar 1982 in der Literaturzeitschrift „Am Erker" veröffentlicht.

S. 45: „Unveröffentlichtes und Verstreutes": Die in diesem Kapitel vertretenen Gedichte sind allesamt Erstveröffentlichungen – mit Ausnahme der Gedichte „Nicht in Geschichtsbüchern", das Anfang 1984 in der Literaturzeitschrift „Kürbiskern" abgedruckt wurde, und „Offene Tür", das im Herbst 1983 in der Tageszeitung "Westfälische Nachrichten" erschien.

S. 55: „Jukebox – Drei Versuche über Geräusche" erschien im Dezember 1986 zeitgleich in den Stadtmagazinen „Stadtblatt Münster" und „Tips", Bielefeld.

S. 65: Das Gedicht „Sex" war in der veröffentlichten Fassung von „Die Städte leuchten" ursprünglich nicht vertreten, weil es nicht über den gleichen Abstraktionsgrad verfügt wie die anderen 7 Teile. Es ist also ein „Outtake" und erscheint hier erstmals.

S. 76: Auch der Block „Vincennes" gehörte ursprünglich nicht zu der Kurzprosa-Sammlung „Metro" aus dem Oktober 1987. Die Gründe, ihn nicht zu berücksichtigen, sind mir heute nicht mehr erinnerlich. Er erscheint in diesem Band als Erstveröffentlichung.

S. 99: Das Gedicht „Kaltes klares Wasser" erschien gemeinsam mit anderen – in diesem Band nicht vertretenen Gedichten – erstmals in der Literaturzeitschrift „Sprache im technischen Zeitalter".

Hellmuth Opitz, 1959 in Bielefeld geboren, Studium in Münster, Tätigkeit als Werbetexter. Veröffentlichungen im Pendragon Verlag: „An unseren Lippengrenzen", Gedichte, 1982; „Entfernungen, Entfernungen", Gedichte (1984); „Die Städte leuchten, Ein Zyklus" (1986); „Metro, Notizen aus der Pariser Unterwelt" (1987); „Lonsky, Shortstory, (1988); „Die elektrische Nacht", Elf erotische Gedichte (1990); Engel im Herbst mit Orangen", Gedichte (1996).

Inhalt

Vorwort

An unseren Lippengrenzen — 9

Graugetigerte Nachmittage — 11
Nördlicher Morgen — 12
Sonntags — 13
Idylle — 14
Warten — 15
Hier nicht — 16
Keine Garantien — 17
Ein für alle Mal — 18
Tagediebe — 19
Brandzeichen — 20
Immer, wenn ich zu dir kam — 21
Drei Jahre danach — 22
Das war's — 23
An unseren Lippengrenzen — 24

Entfernungen Entfernungen — 25

Schwarzweiß — 27
Cornische Symmetrie — 28
Zweihelligkeiten — 29
Ende Juli — 30
Wir können nicht zurückkehren — 31
Lange nicht gesehen — 32
Angezettelt — 33
In- und auswendiges Du — 34
Nachsaison — 35
La Chambre Noire — 36
Entfernungen, Entfernungen — 37

Lichtgeplänkel	38
Cities	39
Uns gehen die Worte flöten	40
Mundvorräte	41
Ausbewegt	42
Stimme	43
Die Statik der Dinge	44

Unveröffentlichtes und Verstreutes 45

Weißer Fleck	47
Im Sterbezimmer	48
Zugfahrt	49
Nicht in Geschichtsbüchern	50
Ideenfenster	51
Offene Tür	52
Im Nachhinein	53
Prachtstück	54

Jukebox. Drei Versuche über Geräusche 54

Die Städte leuchten 59

Ballung	61
Tempo	62
Rhythmus	63
Reiz	64
Sex	65
Gleichzeit	66
Linien	67
Paranoia	68

Metro 69

Neuilly 71
Rue du Bac 72
Saint-Germain des Prés 73
Bir Hakeim 74
Concorde 75
Vincennes 76
Montgallet 77
Faidherbe-Chaligny 78
Jaurès 79
Rue Montmartre 80
Lourmet 81
Saint-Fargeau 82

Die elektrische Nacht 83

Stella 85
Darling Darling 86
Psst! 87
Die elektrische Nacht 88
Treibstoff 89
Der Mund im Schritt 90
Berührung & Zerfall 91
Charlotte Rampling in einem Hotelzimmer... 92
Honigmond Hotel 93
Plunder 94
Abgöttin 95
Härte zeigen. Weiterlieben 96

Engel im Herbst mit Orangen 97

Kaltes, klares Wasser	99
Springtime	101
Einige Drehmomente in Wales	
Die Straße	102
Der Ort	103
Der Hafen	104
Versprechen Vermissen Verschwinden	105
Das Abendland	106
Abblühen und Zuendegehen. Kein Schmerz	107
Gras beißen	108
Der traurige Tankwart	109
Maxwell	110
Koffein und keine Anrufe	111
Orangen schälen	112
Blue Note	113
Leicht entflammbares Material	114
Bei Trost	115
Engel im Herbst mit Orangen	116
Zwei oder drei Abende, an denen alles gelingt	117
Fieber	118
Licht & Lüge	119
Falsche Zeit, falscher Ort	120